Matthias Schubert

Welche Einflüsse hatte die Einführung des Kabelfernsehens in Deutschland auf das Zuschauerverhalten?

GRIN Verlag

Bibliografische Information der Deutschen Nationalbibliothek:

Die Deutsche Bibliothek verzeichnet diese Publikation in der Deutschen National-
bibliografie; detaillierte bibliografische Daten sind im Internet über http://dnb.d-
nb.de/ abrufbar.

Impressum:

Copyright © 1999 GRIN Verlag, Open Publishing GmbH
Druck und Bindung: Books on Demand GmbH, Norderstedt Germany
ISBN: 978-3-656-49033-3

Dieses Buch bei GRIN:

http://www.grin.com/de/e-book/102941/welche-einfluesse-hatte-die-einfuehrung-
des-kabelfernsehens-in-deutschland

Hausarbeit im Fach C 1 Sommersemester 1999   Berlin, 15.09.1999

Verfasser: Matthias Schubert

Epochen der Wirtschafts- und Sozialgeschichte
Medien und Gesellschaft: die neuen Kulturindustrien

Welche Einflüsse hatte die Einführung des Kabelfernsehens in Deutschland auf das Zuschauerverhalten ?

Inhalt:

1. Neue Medien

In der Zeit vom 28.08.99 bis 05.09.99 fand in Berlin bereits zum 75. Mal die weltweit größte Messe für Unterhaltungselektronik statt, die Internationale Funkausstellung. Die technischen Entwicklungen auf dem Gebiet der Unterhaltungselektronik werden weltweit mit einer sehr hohen Geschwindigkeit vorangetrieben. Neueste Innovationen bieten beispielsweise bereits die Möglichkeit, das Fernsehgerät auch zur Nutzung des Internets einzusetzen oder sich gleichzeitig mehrere Programme nebeneinander auf dem Bildschirm anzusehen. Ein neues Medium im Bereich des Rundfunks ist auch das sogenannte digitale Fernsehen, bei dem man sich durch Zahlung einer Gebühr sein eigenes Programm zusammenstellen kann, indem man selbst aus einer Art Baukastensystem die für sich interessantesten Sendungen auswählt. Dem Rundfunksystem stehen mit solchen Innovationen offensichtlich für die Zukunft weitere große Veränderungen bevor.

Vor ungefähr zwanzig Jahren gab es in Deutschland schon einmal einen Meilenstein gravierender neuer Entwicklungen auf dem Gebiet des Rundfunks. Ende der siebziger und Anfang der achtziger Jahre wurde die Einführung eines dualen Fernsehsystems geplant und durchgeführt, das heißt die Zulassung von Privatsendern neben den bestehenden öffentlich-rechtlichen Anstalten. In dieser Hausarbeit sollen die Wirkungen eines neuen Mediums auf das Publikum betrachtet werden. Es wird am Beispiel der genannten Einführung des Kabelfernsehens in Deutschland untersucht werden, ob dessen Einführung Veränderungen im Verhalten der Zuschauer verursacht hat und wie sich diese darstellen.

Zunächst soll geklärt werden, was überhaupt unter dem Begriff Rundfunk zu verstehen ist. Im Gebührenstaatsvertrag der Länder vom 31.10.1968 findet man hierzu folgende Definition: „(...)[Rundfunk ist] die für die Allgemeinheit bestimmte Veranstaltung und Verbreitung von Darbietungen in Wort, in Ton und in Bild unter Benutzung elektrischer Schwingungen ohne Verbindungsleitung oder längs oder mittels eines Leiters."[1] Das bedeutet, daß der Begriff Rundfunk sowohl Hörfunk als auch Fernsehen umfaßt. Diese Hausarbeit beschränkt sich auf das Fernsehen; sofern der Begriff Rundfunk im Folgenden verwendet wird, ist also nur das Fernsehen gemeint.

Zum besseren Verständnis der Zusammenhänge wird zunächst die historische Entwicklung des Fernsehens in Deutschland nach dem Zweiten Weltkrieg dargestellt.

2. Das Fernsehen in Westdeutschland nach 1945

Nach dem Zusammenbruch des Dritten Reichs wurden alle Rundfunksender der Reichs-Rundfunk-Gesellschaft von den Alliierten beschlagnahmt. Sie sollten als Soldatensender und als Sender der Militärregierung dienen. Jede unbeaufsichtigte Sendetätigkeit durch die Deutschen wurde zunächst verboten. Im Zuge des sukzessiven Übergangs der öffentlichen Verwaltung in die Verantwortung der Deutschen begannen auch Gespräche zwischen den westlichen Alliierten und deutschen Rundfunksachverständigen über eine zukünftige Rundfunkordnung.

---

[1] Wiechers, R. (1992) S. 3

Aufgrund der schlechten Erfahrungen mit dem Dritten Reich, in dem der Rundfunk völlig von der Naziregierung beherrscht wurde, sollte künftig in Deutschland verhindert werden, daß sich eine solche staatliche Kontrolle noch einmal
wiederholen kann. [2] Der amerikanische Militärgouverneur Clay erklärte dazu
1947: „Es ist die grundlegende Politik der US-Militärregierung, daß die Kontrolle
über die Mittel der öffentlichen Meinung, wie Presse und Rundfunk, verteilt und
von der Beherrschung durch die Regierung freigehalten werden müssen."[3]

Ergebnis war die öffentlich-rechtliche Organisation des Rundfunks. Erste Ideen,
in den einzelnen Besatzungszonen jeweils das Rundfunksystems des einzelnen
Landes zu übertragen scheiterten, da das französische Fernsehen (RFT) zu zen-
tralistisch-staatsnah war und für ein Privatfernsehen nach amerikanischem Vor-
bild zu wenig Frequenzen in Deutschland zur Verfügung standen. Schließlich
setzte sich nach dem Modell der britischen BBC die Organisationsform der Anstalt des öffentlichen Rechts durch. [4]

In den drei westlichen Sektoren wurden Rundfunkanstalten gegründet, die als
Anstalten des öffentlichen Rechts offiziell den Status der Staatsfreiheit und
-unabhängigkeit besaßen. Die öffentlich-rechtlichen Rundfunkanstalten wurden
nach dem Konzept des „Binnenpluralismus" strukturiert. Das bedeutet, daß die
Vielfalt und die Ausgewogenheit des Programmangebots intern durch die Ein-
setzung gesellschaftlich-pluralistisch zusammengesetzter Kontrollgremien si-
chergestellt werden soll.[5] Die Finanzierung erfolgte durch Rundfunkgebühren, zu
deren Zahlung alle Rundfunkteilnehmer verpflichtet waren, sowie (später) durch
Werbeeinnahmen. Trotz der dezentralen Struktur der Rundfunkanstalten wurde
es aber erforderlich, gemeinsame Interessen zu vertreten und überregionale
Aufgaben zu erfüllen. Um eine engere Kooperation zu erreichen, wurde 1950
als organisatorische Grundlage die Arbeitsgemeinschaft der öffentlich-
rechtlichen Rundfunkanstalten der Bundesrepublik Deutschland (ARD) gegründet.[6]

Jedoch verfolgten nicht nur die Länder eine Neugestaltung des Rundfunkwe-
sens, sondern auch der Bund, da dieser erkannte, daß die Bedeutung des Fernsehens bald die bisher einmalige Stellung des Hörfunks verdrängen würde. Hier
wollte sich der Bund ebenfalls ein gewisses Maß an Einflußnahme sichern. Da
die Bundesregierung sich Anfang der 60er Jahre nicht mit den Ländern über die
Gründung einer zweiten Fernsehanstalt einigen konnte, gründete sie unter
Bundeskanzler Adenauer am 25.07.60 selbständig eine „Deutschland-
Fernsehen-GmbH".[7] Deren Aufgabe war gemäß § 2 ihrer Satzung „die
Veranstaltung von Fernseh-Rundfunksendungen, die den Rundfunkteilnehmern
in ganz Deutschland und im Ausland ein umfassendes Bild Deutschlands
vermitteln sollen"[8]. Der Versuch scheiterte, da auf Klage einiger SPD-
regierter Länder das Bundesverfassungsgericht mit seinem 1. Rundfunkurteil
vom 21.02.61 die Gründung für verfassungswidrig erklärte. Es legte die
Gesetzgebungskompetenzen dahingehend fest, daß die Länder für die
Veranstaltung und Organisation des Rundfunks zuständig sind und der Bund für

---

[2] Vgl. Wiechers, R. (1992) S.6
[3] Zitat Clay, Lucius D. in Heinrich, H. (1991) S. 28f
[4] Vgl. Wiechers, R (1992) S. 5f
[5] Vgl. ebd. S. 15
[6] Vgl. ebd. S. 7f
[7] Vgl. Heinrich, H. (1991) S. 58f
[8] ebd. S. 59

funks zuständig sind und der Bund für das Post- und Fernmeldewesen, das heißt für die sendetechnischen Anlagen zur Ausstrahlung der Rundfunkprogramme.[9] Daraufhin zog sich der Bund aus der Rundfunkpolitik zurück. Die Länder ihrerseits begannen bereits kurz nach dem Urteil mit der Gründung einer eigenen zweiten, von den bestehenden Landesrundfunkanstalten unabhängigen, gemeinsamen Fernsehorganisation, dem Zweiten Deutschen Fernsehen (ZDF). Der Sendebetrieb wurde am 01.04.1963 aufgenommen.[10] Aus dem dem ZDF zugrundeliegenden Staatsvertrag ergibt sich für das ZDF die Pflichtaufgabe, ein zum Ersten Programm konkurrierendes Vollprogramm zu veranstalten.[11] Die Konkurrenzsituation von ARD und ZDF wurde allerdings durch ein Koordinationsabkommen zwischen den Sendern eingegrenzt. Dieses Abkommen sollte gewährleisten, daß „(...) nach Programmkategorie, Thema und Form gleichartige Sendungen der ARD und des ZDF zeitlich nicht zusammenfallen und nach Möglichkeit verschiedene Zielgruppen angesprochen werden."[12] Dadurch sollte bei den zwei Sendern die größtmögliche Angebotsvielfalt erreicht werden. Kurz nach Sendebeginn des ZDF starteten einige Landesrundfunkanstalten sogenannte „Dritte Programme". Diese sollten zunächst als Bildungsprogramme dienen und entwickelten sich später in den 70er Jahren zu Vollprogrammen mit einer Mischung aus Politik, Kultur, Unterhaltung und Bildung.[13]

Bis Anfang der 80er Jahre war die deutsche Fernsehlandschaft von den öffentlich- rechtlichen Fernsehprogrammen, sowie von in Grenzgebieten empfangbaren Auslandsprogrammen geprägt.

3. Neue Techniken

Bereits weiter oben wurde beschrieben, daß die Einführung von Privatfernsehen nach amerikanischem Modell in Deutschland unter anderem an zu wenig zur Verfügung stehenden Frequenzen gescheitert war. In den 70er Jahren entwickelten sich die technischen Möglichkeiten in den Bereichen Mikroelektronik, Nachrichtentechnik und Speichertechnik rapide. Neben einer großen Menge neuer kommunikationstechnischer und unterhaltungselektronischer Geräte waren auch neue Formen der Verteilung und Verbreitung von Fernsehprogrammen entwickelt worden. Dadurch wurde es technisch möglich, neue Rundfunkprogramme flächendeckend durch Satelitenübertragung und Kabeleinspeisung zu verbreiten.[14]
Die Bundesregierung sah aufgrund dieser technischen Entwicklung in den 70er Jahren die Notwendigkeit, sich einen Überblick über die Fortschritte in der Kabel- und Satellitentechnik zu verschaffen und rief dazu die „Kommission für den Ausbau des technischen Kommunikationssystems" (KtK) in Leben, welche 1971 ihre Arbeit aufnahm. Um das neue Medium Kabelfernsehen untersuchen zu können, empfahl die KtK die Veranstaltung von Modellversuchen, den sogenannten Kabelpilotprojekten.[15]

---

[9] Vgl. Wiechers, R. S. 10
[10] Vgl. Wiechers, R. (1992) S.10
[11] Vgl. Krüger, U.M. (1992) S. 143
[12] ebd. S. 144
[13] Vgl. Maaßen, L. (1996) S. 49
[14] Vgl. Wiechers, R. (1992) S. 11
[15] Vgl. Ronneberger, Franz in Jäckel, M. / Schenk, M. (1991) S. 34f

Die Durchführung solcher Kabelpilotprojekte wurde im Mai 1978 von den Minis-
terpräsidenten der Bundesländer beschlossen. Versuchsziele waren die Erpro-
bung neuer Angebotsformen, die Entwicklung der technischen Möglichkeiten,
die Darstellung der Meinungsvielfalt und die Erweiterung der Gestaltungsmög-
lichkeiten der Teilnehmer.[16] Wegen organisatorischer und finanzieller
Schwierigkeiten startete das erstes Kabelpilotprojekt in
Ludwigshafen/Vorderpfalz aber erst Jahre später, nämlich am 01.01.1984.
Dieser Starttermin wurde damals als „medienpolitischer Urknall" [17] bezeichnet.
Weitere Kabelpilotprojekte fanden in München (1984), Dortmund (1985) und
Berlin (1985) statt.
Im April 1987 schließlich wurde von allen Bundesländern ein Rundfunkstaats-
vertrages abgeschlossen. Dieser schrieb zum ersten Mal gemeinsame Regelun-
gen zur Einführung eines bundesweit verbreiteten dualen Rundfunksystems fest.
Da sich die Regelungen dieses Staatsvertrages nicht auf die Kabelpilotprojekte
beschränkten, entstand in der gesamten Bundesrepublik ein neues duales Rundfunksystem, in dem neben den öffentlich-rechtlichen Anstalten nun auch private,
kommerzielle Anbieter zugelassen waren. [18] [19]

Begünstigt wurde diese Entwicklung durch ein Urteil des Bundesverfassungsge-
richts vom 04.11.1986. Darin urteilte es, daß das Rundfunksystem in seiner Gesamtheit den verfassungsrechtlichen Geboten entsprechen muß. Gemeint ist
damit, daß der von der Verfassung geforderte Pluralismus durch die Vielzahl
von selbständigen, öffentlich-rechtlich und privatrechtlich organisierten Mei-
nungsträgern erreicht wird (sogenannter „Außenpluralismus"). Den öffentlich-
rechtlichen Anstalten wies es dabei die Aufgabe zu, die Grundversorgung an
Information zu übernehmen, um insbesondere die Meinungsvielfalt sicherzustellen.[20] Damit gab es den öffentlich-rechtlichen Anstalten eine Bestands- und
Entwicklungsgarantie. Grund dafür ist, daß nach Auffassung des Bundesverfassungsgerichtes die Rundfunkanstalten öffentliche Einrichtungen sind, die eine
öffentliche Aufgabe zu erbringen haben, nämlich die „(...)Mitwirkung an der
öffentlichen Meinung als einem geistigen Raum der Auseinandersetzung über
Fragen von allgemeinem, das heißt von öffentlichem Interesse."[21] Dies wird
deutlich in ihrem Programmauftrag, welcher die Sender verpflichtet, die Bedürfnisse des Publikums nach Unterhaltung, Bildung und Information durch ein umfassendes Programm zu befriedigen.[22]

4. Organisation und Struktur des neuen dualen Fernsehsystems

Die bereits bestehenden neun Rundfunkanstalten der ARD mit ihren fünf regio-
nalen Programmen sowie das ZDF als Anstalt aller Bundesländer wurden in den
80er Jahren um die öffentlich - rechtlichen Satellitenprogramme Eins Plus und
3Sat ergänzt. Die öffentlich-rechtlichen Rundfunkanstalten behielten ihre
Rechtsform der rechtsfähigen, gemeinnützigen Anstalten des öffentlichen
Rechts. Die Finanzierung erfolgte weiterhin in der Mischform von Rundfunkge-

---

[16] Vgl. Voltmer, K. / Klingemann, H.-D. (1993) S. 15
[17] Vgl. Wiechers, R. (1992) S.12
[18] Vgl. Maaßen, L. (1996) S.49
[19] Vgl. Voltmer, K. / Klingemann, H.-D. (1993) S.15
[20] Vgl. Ronneberger, Frank in Jäckel, M. / Schenk, M. (1991) S.37f
[21] Wiechers, R. (1992) S. 25f
[22] Vgl. ebd. S. 26

bühren und Werbeeinnahmen um die Unabhängigkeit vom Staat sicherzustellen.[23]

Zusätzlich zu den öffentlich-rechtlichen Anstalten wurde eine Vielzahl von privatrechtlichen Sendern gegründet und zugelassen. Bereits 1989 gab es 65 private Fernsehveranstalter.[24] Neben einer Vielzahl von Sendern, die sogenannte Spartenprogramme anbieten, sich also auf bestimmte Genres konzentrieren (z.B. Sport, Musik, Lokalprogramme, Nachrichten), erreichten insbesondere vier privatrechtliche Sender Marktanteile, die mit denen der öffentlich-rechtlichen Sender vergleichbar sind. Diese Sender sind RTL, Sat1, Pro7 und Tele5.[25] Im Gegensatz zu den öffentlich-rechtlichen Anstalten haben alle Privatsender private Träger und werden nicht intern durch gesellschaftliche Gremien kontrolliert. Ihre Finanzierung erfolgt ausschließlich durch Werbeeinnahmen.

Die Marktanteile der Sender im dualen Fernsehsystem der Bundesrepublik verteilten sich im März 1991 wie folgt[26]: ARD 20,2%, ZDF 18,2%, RTL 17,4%, Sat1 14,4%, 3.Programme 7,0% und sonstige 22,8% (darunter Pro7 ca. 10%[27]).

Die Einführung des bundesweiten Kabelfernsehens war nicht unumstritten. Nachfolgend wird dargestellt, welche negativen Auswirkungen von den Gegnern des dualen Fernsehsystems prognostiziert wurden.

5. Kritik am dualen Fernsehsystem

Viele Voraussagen prognostizierten, daß beim Publikum kein großes Interesse an einer Ausweitung des Fernsehprogramms bestehen würde. 1979 kam Infratest zu dem Ergebnis, „(...)daß die neuen Medien keinesfalls auf ein weitverbreitetes Interesse, auf allgemeine Zustimmung in der Bevölkerung rechnen können und daß zumindest für einen mittelfristigen Zeitraum sie bei der Mehrheit der Bevölkerung auf Kritik und Interesselosigkeit stoßen.'[28] Auch die KtK äußerte sich zurückhaltend bezüglich des Bedarfs nach Breitbandkabelanschlüssen. Ende der 70er bzw. Anfang der 80er Jahre ging man allgemein davon aus, daß nur etwa ein Drittel der Bevölkerung Interesse an Kabelanschlüssen hätte.[29] Zudem hatten Zuschauerforschungen bereits damals ergeben, daß bei den Rezipienten der Bedarf nach mehr und vielfältigerer Information nicht sehr ausgeprägt sei. [30]

Desweiteren wurden erhebliche negative Folgen durch die Einführung des Kabelfernsehens prognostiziert. Die quantitative und zeitliche Ausweitung des Angebots würde zu einer wachsenden Allgegenwart des Fernsehens führen, in deren Folge die Lebenswelt der Menschen von den Bildwelten des Fernsehens dominiert würde. [31]

---

[23] Vgl. ebd. S. 24f

[24] Vgl. ebd. S. 29

[25] Vgl. Jäckel, Michael in Jäckel, M. / Schenk, M. (1991) S. 11

[26] Vgl. Jäckel, M. (1993) S. 76

[27] Vgl. Jäckel, Michael in Jäckel, M. / Schenk, M. (1991) S. 14

[28] ebd. S. 19

[29] Vgl. ebd.

[30] Vgl. Maletzke, G. (1979) S.14f

[31] Vgl. Voltmer, K. /Klingemann, H.-D. (1993) S.12

Schon in der Frühphase der Kabelpilotprojekte wurde in dieser Hinsicht ein markanter Satz geprägt: „Statt Vielfalt: Vervielfältigung"[32] Diesem Satz liegt die Prognose zugrunde, daß die Informationsvielfalt nicht in gleichem Maße wie die Anzahl der Programme wachsen würde, da der Bedarf an Programmaterial weder durch Produktions- und Personalkapazitäten noch von den Kosten her gedeckt werden könnte und es zwangsläufig zu Wiederholungen kommen müsse. Der Zuwachs an Information werde somit gering sein. Es bestand Skepsis, ob sich die Programme inhaltlich sehr unterscheiden würden und dadurch die Informationsvielfalt erhöht würde.[33] Es wurde sogar die Erwartung geäußert, daß das Angebot an Informationssendungen durch die Einführung des Kabelfernsehens eher abnehmen könnte. Gerhard Maletzke nannte hierfür folgenden Grund: Die öffentlich-rechtlichen Anstalten seien aufgrund ihrer Gebühreneinnahmen nicht so stark auf hohe Einschaltquoten angewiesen wie Privatsender, sie müßten aber ihren Programmauftrag erfüllen, was heißt eine angemessene Anzahl von Zuschauern zu bedienen. Würden nun kommerzielle Sender mit überwiegend publikumswirksamen Unterhaltungsprogrammen auf den Markt kommen, wären auch die öffentlich-rechtlichen Anstalten gezwungen ihr Programmprofil anzupassen, was zu Lasten von bildenden und informierenden Sendungen ginge.[34]

Weiterhin wurde als Folge der erhöhten Programmauswahl eine „negative Erlebnisqualität" der Zuschauer prognostiziert. Diese würde entstehen, wenn viele massenattraktive Sendungen gleichzeitig gesendet werden, was bedeuten würde, daß der Zuschauer nur eine Sendung sehen könne, die anderen aber nicht, sofern sie gleichzeitig gesendet werden. Bei den Zuschauern entstünde dadurch ein permanenter Entscheidungsdruck, durch welchen das sogenannte „Zapping" (Hin - und Herschalten zwischen den Sendern) zunehmen würde. Die Folge wäre bruchstückhaftes sich-unterhalten-lassen anstatt Informationsaufnahme. [35]

Auch wurde befürchtet, daß durch die Programmvermehrung die integrative Funktion des Fernsehens zurückgehen würde. Diese Meinung basiert auf der Annahme, daß die über Jahrzehnte auf drei Programme eingeschränkte Programmauswahl eine Basis kollektiv geteilten Wissens und gemeinsamer (medialer) Erfahrungen gewährleistet habe, welche durch die neue Programmvielfalt verloren gehen würde.[36] Mit einem großen Programmangebot findet der Zuschauer eher Sendungen, deren Inhalt der eigenen Anschauung entspricht. Da in Kommunikationsforschungen herausgefunden wurde, daß Menschen eher nach Aussagen greifen, die ihre eigene Anschauung bestätigen, würde dies zu einer Einengung des Blickfeldes der Zuschauer führen und die Toleranz gegenüber Andersdenkenden abnehmen. Mehr Programme könnten so zur Desintegration der Gesellschaft führen, da sich nur noch Menschen mit gleicher Weltanschauung zusammengehörig fühlen würden. [37]

Die größere Programmauswahl des Kabelfernsehens würde außerdem die Menschen mehr ans Haus binden und damit die Beteiligung der Menschen am

---

[32] Jäckel, Michael in Jäckel, M. / Schenk, M. (1991) S.14
[33] Vgl. Maletzke, G (1979) S. 14
[34] Vgl. Maletzke, G. (1979) S. 22f
[35] Vgl. ebd. S. 30
[36] Vgl. Voltmer, K. / Klingemann, H.-D. (1993) S. 12
[37] Vgl. Maletzke, G. (1979) S. 31

öffentlichen Geschehen senken.[38] Es wurde beispielsweise prognostiziert, daß
Rentner, Hausfrauen und nicht schulpflichtige Kinder an den Wochentagen ¼
ihrer Freizeit mit Fernsehen verbringen würden.[39] Das Kabelfernsehen würde
also in erheblichem Maß andere Freizeitaktivitäten verdrängen.

Im folgenden soll nun untersucht werden, wie sich die Einführung des Kabelfernsehens tatsächlich ausgewirkt hat und ob die genannten Befürchtungen ein-
getreten sind. Um die Zuschauerwirkungen untersuchen zu können, wird aber
zunächst dargestellt, wie sich die Programmangebote durch die Einführung des
Kabelfernsehens verändert haben und zwar sowohl in quantitativer als auch in
qualitativer Hinsicht. Die nachfolgend angegebenen Werte beziehen sich auf die
größten, bundesweit ausgestrahlten Sender, also auf ARD, ZDF, 3Sat und
1Plus (öffentlich-rechtliche Anstalten) sowie RTL, Sat1, Pro7 und Tele5 (privatrechtliche Sender).

6. Programmveränderungen

6.1 Quantitative Veränderungen

Das Volumen der ausgestrahlten Sendungen hat sich durch die Einführung des
Kabelfernsehens in Deutschland erheblich erhöht. Vor der Dualisierung brauch-
te man ca. 26 Stunden um alle von ARD und ZDF gesendeten Programme eines
Tages sehen zu können. Im Jahr 1990 hätte man bereits 140 Stunden benötigt,
um alle Sendungen der öffentlich-rechtlichen und privaten Sender täglich sehen
zu können, das heißt das Volumen ist um das 5,4fache gestiegen.[40] Die Anteile
der Sender verschoben sich dabei stark. 1987 hatten die öffentlich-rechtlichen
Programme noch 71% Anteil am gesamten Sendevolumen (Anzahl der durch-
schnittlichen Sendestunden pro Tag), 1990 lag dieser nur noch bei 38 %, der
Anteil der privaten Anbieter stieg also auf 62% an.[41] Da das Publikumspotential
nicht gewachsen ist und das erhöhte Angebot schnell zu einer Marktsättigung in
der Hauptsendezeit (Abendprogramm) geführt hätte, begannen viele (private)
Programme in andere, bisher dünn oder gar nicht besetzte Tageszeitphasen aus-
zuweichen. Dabei wurden vornehmlich die Frühstücks- und Vormittagszeit sowie die Zeit des frühen Nachmittags mit Programmen gefüllt.[42] Nun ist die
Betrachtung interessant mit welchen Formen von Sendungen das erhöhte
Angebot ausgefüllt wurde.

6.1.1 Gesamtangebotsprofil

Überdurchschnittlich stark ist insgesamt das Angebot an Fictionsendungen gestiegen (dazu gehören Spiel- und Fernsehfilme, Serien und Bühnenstücke). Wurden 1985 im Tagesdurchschnitt noch ca. 16 Stunden mit Fictionangeboten ausgefüllt, waren es 1990 bereits 59 Stunden (also das 3,7fache des Angebots von
1985). Im Vergleich dazu stieg das Angebot an Informations- und Bildungssendungen weniger stark an. Zu dieser Sendungskategorie gehören Nachrichten,
aktuelle Magazine, politische Informationssendungen, Wirtschaftssendungen,
Wissenschafts- und Techniksendungen, kulturelle Informationssendungen, Kurs-

---

[38] Vgl. ebd. S. 39
[39] Vgl. ebd. S. 37
[40] Vgl. Krüger, U.M. (1992) S. 121
[41] Vgl. ebd. S. 119
[42] Vgl. ebd. S. 121 ff

und Lernprogramme, zeitgeschichtliche Sendungen sowie diverse Alltagsinformationssendungen. Das Angebot in dieser Kategorie stieg auf tagesdurchschnittlich 33,5 Stunden, verglichen mit 12,7 Stunden im Jahr 1985 ergibt sich hier nur eine Steigerung um das 2,6fache. Interessant ist dabei, daß der Anteil an Werbesendungen im genannten Zeitraum um das 6,8fache stieg (von 1,2 auf 8,2 Stunden täglich).[43] Diese Zahlen zeigen, daß der Informationsanteil im Verhältnis zum Unterhaltungsanteil des Gesamtangebotes durch die Einführung des Kabelfernsehens zurückgegangen ist.

Im Folgenden sollen diese Zahlen nun differenziert nach öffentlich-rechtlichen und privaten Anbietern betrachtet werden.

6.1.2 Unterhaltungsangebot

Bei den öffentlich-rechtlichen Sendeanstalten stieg das Unterhaltungsangebot von tagesdurchschnittlich 7,9 Stunden (1985) auf 15,9 Stunden (1990). Im Vergleich dazu stieg das gleiche Angebot der privaten Sender von 6,5 Stunden (1986) auf 43,1 Stunden im Jahr 1990. [44]

6.1.3 Informations- und Bildungsangebot

In dieser Kategorie stieg das Angebot der öffentlich-rechtlichen Anstalten von 9,2 Stunden (1985) auf 22,1 Stunden (1990) während das vergleichbare Angebot der Privatsender von 3,5 Stunden (1985) auf nur 11,4 Stunden (1990) im Tagesdurchschnitt stieg und damit lediglich die Hälfte des Umfanges der öffentlich-rechtlichen Sender ausmachte.[45]

Diese beiden exemplarisch detaillierter untersuchten Sendungskategorien, machten 1990 zusammen 72 % des Gesamtangebotes bei den öffentlich-rechtlichen Sendern aus und 63 % bei den Privatsendern. Sehr deutlich zeigen die Angaben, daß sich bei den Privatsendern die Schere zugunsten der Unterhaltungssendungen und zu Lasten der Informationsangebote geöffnet hat, während man bei den öffentlich-rechtlichen Sendern eher eine Kontinuität in den Programminhalten erkennen kann. Hier zeigt sich deutlich, daß die Vermehrung des Senderangebotes zwar zu der erwarteten Erhöhung der Vielfalt geführt hat, diese sich aber mehr auf das Unterhaltungsangebot als auf das Informations- und Bildungsangebot bezieht.

6.2 Qualitative Veränderungen

Auch die Fragestellung, ob sich die Qualität der gesendeten Programme durch die Einführung des Kabelfernsehens verschlechtert hat ist ein interessanter Aspekt. Dem Verfasser liegt zu diesem Punkt eine Untersuchung der Arbeitsgemeinschaft Rundfunkwerbung (ARD/ZDF) aus dem Jahr 1987 vor. In dieser Studie wurden unter anderem die qualitativen Inhalte von Nachrichtensendungen und des Spielfilmangebotes der öffentlich-rechtlichen und der privaten Sender

---

[43] Vgl. ebd. S. 129
[44] Vgl. Krüger, U.M. (1992) S. 132 ff
[45] Vgl. ebd.

miteinander verglichen und bewertet.[46] Da diese Untersuchung jedoch im Auftrag der öffentlich-rechtlichen Sender stattfand besteht die Gefahr, daß die Ergebnisse nicht mit der nötigen Objektivität wiedergegeben wurden, zumal das Merkmal „inhaltliche Qualität" selbst vielen subjektiven Empfindungen unterliegt. Daher wurden diese Ergebnisse nicht für diese Hausarbeit verwendet. Um eventuelle Qualitätsunterschiede dennoch untersuchen zu können, werden diese im Folgenden an den objektiven Kriterien Wiederholungssendungsanteil und Programmalter festgemacht:

6.2.1 Wiederholungsanteil

In der Kritik am Kabelfernsehen wurde geäußert, daß sich der Anteil von Wiederholungssendungen stark erhöhen würde. Zwar liegen dem Verfasser keine Langfriststudien zu diesem Punkt vor, jedoch Vergleichsdaten für die Jahre 1988 und 1990. Diesen Daten zufolge sank der Erstausstrahlungsanteil bei der ARD von 78% im Jahr 1988 auf 75% im Jahr 1990 und beim ZDF von 75% auf 72%. Für die Privatprogramme wird angegeben, daß RTL leicht höhere Wiederholungsanteile hat als die öffentlich-rechtlichen Sender und daß die Sat1-Werte in etwa die gleiche Höhe erreichen wie die der öffentlich-rechtlichen Programme.[47] Auch wenn konkretere Daten leider nicht vorliegen, kann darauf geschlossen werden, daß sich der Wiederholungsanteil insgesamt leicht erhöht hat, jedoch nicht so gravierend wie im Vorfeld prognostiziert wurde.

6.2.2 Programmalter

Ein weiterer Qualitätsaspekt ist das Alter der gesendeten Sendungen. Ältere Angebote haben neben dem ökonomischen Aspekt, daß sie in der Regel billiger zu beschaffen sind, auch einen kulturellen Aspekt. Die älteren Produktionen haben einen geringeren Bezug zur Gegenwartsrealität sofern es sich um Stoffe handelt, bei denen Handlungszeit und Produktionszeit übereinstimmen. Insofern kann es vorkommen, daß ältere Produktionen nicht mehr mit der aktuellen Realität übereinstimmen. Das Durchschnittsalter aller Fictonangebote in den Jahren 1988 bis 1990 war 15 Jahre. Festzustellen ist, daß sich die Angebote beider Senderkategorien zwischen 1988 und 1990 leicht verjüngt haben, nämlich von durchschnittlich 15,4 Jahren im Jahr 1988 auf 15,1 Jahre im Jahr 1990. [48]

Nach dieser Darstellung der Veränderungen in den Programmangeboten soll nun untersucht werden, ob und welche Auswirkungen die genannten Programmveränderungen bei den Rezipienten hatten. Die Kabelpilotprojekte wurden von einer Reihe wissenschaftlicher Untersuchungen begleitet. Für diese Hausarbeit sind deren Ergebnisse besonders gut geeignet, da sowohl die Zeit vor der Einführung des Kabelfernsehens betrachtet wurde als auch die Entwicklungen, die durch die Dualisierung entstanden. Dies ermöglicht gute Vergleiche, auch wenn sich die Untersuchungen nur auf den Zeitraum 1985 bis 1990 beschränken.

---

[46] Vgl. Media Perspektiven (1987) S.80ff
[47] Vgl. Krüger, U.M. (1992) S. 337
[48] Vgl. ebd. S. 361

7. Untersuchung von Veränderungen im Zuschauerverhalten

7.1 Akzeptanz des dualen Fernsehsystems beim Publikum

Wie bereits in dieser Arbeit erwähnt, wurde im Vorfeld der Einführung des Kabelfernsehens prognostiziert, daß diese bei den Zuschauern nur auf geringes
Interesse stoßen würde. Die ersten Zahlen schienen die Prognosen zu bestätigen. Zum Startzeitpunkt des ersten Kabelpilotprojektes Ludwigsha-
fen/Vorderpfalz am 01.01.84 ergaben Umfragen, daß 37% der dortigen Bevölkerung die Einführung des Kabelfernsehens begrüßen würden.[49] Das entsprach
der weiter oben erwähnten Prognose, daß nur etwa ein Drittel der Zuschauer
Interesse zeigen würde. Die zunächst vorhandene Skepsis wich jedoch mit der
Einführung des Kabelfernsehens bald einer allgemeinen Akzeptanz. Lag beispielsweise die Akzeptanz der Berliner Bevölkerung ein halbes Jahr nach Be-
ginn des dortigen Kabelpilotprojektes noch bei 43%, stieg sie zwei Jahre später
bereits auf 62% an. Auch die Akzeptanz im Gebiet des ersten Kabelpilotproje k-
tes Ludwigshafen / Vorderpfalz stieg bis 1990 auf 70% an.[50] Daten aus dem
Jahr 1991 zeigen, daß bei den Personengruppen, die das Kabelfernsehen nutzen,
bzw. nicht nutzen kein scharfes soziales Gefälle zu verzeichnen ist. Die soziale
Struktur der Nutzer bzw. Nicht-Nutzer ist einigermaßen identisch (vgl. Tabelle 1
im Anhang). Dies zeigt, daß Interesse am Kabelfernsehen bei allen sozialen
Schichten besteht. Als Gründe für ihren Wunsch nach mehr Programmen gaben
die am Kabelfernsehen interessie rten Personen in einer Telefonumfrage aus
dem Januar/Februar 1984 im Gebiet des ersten Kabelpilotprojektes zu 37%
„mehr Auswahl" und zu 20% „mehr Fernsehprogramme" als Hauptgründe an.
16% erwarteten mehr Spielfilme und 9% mehr Unterhaltung, jedoch jeweils nur
jeweils 1% mehr politische bzw. aktuelle Sendungen (vgl. Tabelle 2 im Anhang).

7.2 Fernsehzeit

Nachfolgend soll untersucht werden, ob sich die für das Fernsehen verwendete
Zeit durch die Einführung des Kabelfernsehens erhöht hat. Die Tagesnetto-
reic hweite, daß heißt der Anteil der Haushalte, die mindestens einmal am Tag
vom Fernsehen erreicht werden, ist von 1985 bis 1990 trotz zwischenzeitlicher
Einführung der privaten Sender mit 88% konstant geblieben.[51] Dagegen hat sich
die durchschnittliche Einschaltdauer der TV-Geräte durch die Einführung der
Privatsender erhöht. Hintergrund ist die bereits bei der Vorstellung der Programmprofile dargestellte Schließung der früheren Programmlücken durch die
privaten Sender, d.h. vor allem die Ausfüllung des Vormittags sowie des frühen
Nachmittags. Dies sieht man daran, daß sich die Geräte- Einschaltdauer in der
Zeit von 15.00 Uhr bis 1.00 Uhr nur um 5% erhöht hat, im 24-Stunden-Zeitraum
jedoch um 12% (vgl. Tabelle 3 im Anhang). Es war also nicht die Programmvermehrung, sondern die Ausdehnung der Sendedauer, die zur längeren Einschaltdauer geführt haben. Trotz der erhöhten Einschaltdauer blieb die durchschnittliche Sehdauer zwischen 15.00 Uhr und 1.00 Uhr mit 2 Stunden und 17
Minuten in jedem einzelnen Jahr zwischen 1985 und 1990 absolut konstant, im
24-Stunden-Zeitraum stieg sie um 6%.[52] Die Sehdauer bei Kindern zwischen 6

---

[49] Vgl. Jäckel, Michael in Jäckel, M. / Schenk, M. (1991) S. 20
[50] Vgl. ebd.
[51] Vgl. Frank, Bernhard und Gerhard, Heinz in Jäckel, M./Schenk, M. (1991) S.132
[52] Vgl. ebd. S. 134

und 13 Jahren nahm zwischen 1985 und 1990 sogar um vier Minuten ab (1985: 73 Minuten, 1990: 69 Minuten).[53] Insgesamt ist dies ein relativ geringer Anstieg wenn man bedenkt, daß in dieser Zeit ein enormer Zuwachs an Programmen stattfand (5,4fache Volumensteigerung, vgl. Punkt 6.1 in dieser Arbeit). Die Befürchtung, Kinder würden ¼ des Tages vor dem Fernseher verbringen ist aufgrund dieser Zahlen nicht bestätigt. Es läßt sich feststellen, daß die Einführung des Kabelfernsehens nur zu einer geringen Ausweitung des Fernsehkonsums geführt hat. Dies wird auch durch eine getrennte Betrachtung von verkabelten und nicht-verkabelten Haushalten deutlich. 1990 konnten aus technischen Gründen noch 29% aller deutschen Haushalte keine Kabelprogramme empfangen. In diesen Haushalten betrug die durchschnittliche Sehdauer innerhalb von 24 Stunden 1990 (Erwachsene) 142 Minuten, bei Kindern 82 Minuten. Die entsprechenden Vergleichswerte der verkabelten Haushalte lagen bei den Erwachsenen bei 167 Minuten (+ 25 Minuten) und bei Kindern bei 88 Minuten (+ 6 Minuten). Nationaler Durchschnitt waren 156 bzw. 86 Minuten.[54] Nicht die Sehdauer hat sich also massiv erhöht, sondern die Programmvermehrung hat zu einer anderen Verteilung des Fernsehens über den Tag geführt.

Nachdem festgestellt wurde, daß sich der Fernsehkonsum durch die Einführung des Kabelfernsehens quantitativ nicht gravierend erhöht hat, wird nun untersucht, ob das erhöhte Programmangebot Veränderungen hinsichtlich der gesehenen Sendungen verursacht hat.

7.3 Nutzungsänderungen des Programmangebotes

Die Zuschaueranteile bei den Informationssendungen wurden durch die Einführung des Kabelfernsehens geringer. Kabelhaushalte empfingen 1990 gegenüber dem Bundesdurchschnitt seltener die vier großen Informationssendungen von ARD und ZDF, wie die folgenden Zahlen belegen: „Tagesschau": 26% Bundesdurchschnitt / 21% Kabelhaushalte, „heute": 22% Bundesdurchschnitt / 17% Kabelhaushalte, „Tagesthemen": 14% Bundesdurchschnitt / 8% Kabelhaushalte und „heute-journal": 17% Bundesdurchschnitt / 10% Kabelhaushalte.[55] Dabei sind die Rückgänge der Einschaltquoten bei den großen Nachrichtensendungen der öffentlich-rechtlichen Sender noch erheblich geringer als die anderer Informationssendungen. Zwischen 1986 und 1990 ging die durchschnittliche Einschaltquote der „Tagesschau" nur von 27% auf 24% zurück, bei „heute" lagen die Werte 1986 bei 22% und gingen bis 1990 nur auf 21% zurück. Andere Informationssendungen hatten höhere Rückgänge der Einschaltquoten hinzunehmen. Die größten Verluste waren bei „WISO" (ZDF) mit -8% und „Auslandsreportage" (ARD) mit - 7% zu verzeichnen.[56] Insgesamt läßt sich feststellen, daß das größere Unterhaltungsangebot im dualen Fernsehsystem dazu geführt hat, daß Informations- und Bildungssendungen weniger von den Zuschauern genutzt werden. Dies hat auch eine Untersuchung des sogenannten „Zappings" (Hin- und Herschalten zwischen den Kanälen) ergeben. Wie bereits erwähnt, wurde von den Kritikern des Kabelfernsehens befürchtet, daß der Zuschauer durch die Programmvermehrung unter Entscheidungsdruck geraten würde und das Zapping zunehmen werde. Die Zunahme des Zappings hat sich tatsächlich bestätigt: „Die Tendenz, Zapping als ein weit verbreitetes Verhaltensmuster des

[53] Vgl. ebd. S. 132 ff
[54] Vgl. ebd. S. 136 f
[55] Vgl. Huhn, D. /Prinz, D. (1990) S. 202f
[56] Vgl. Frank,Bernhard und Gerhard,Heinz in Jäckel, M. / Schenk, M. (1991) S. 140ff

Zuschauers zu betrachten, hat merklich zugenommen."[57] Michael Jäckel hat in einer Untersuchung festgestellt, daß dieses Zapping nicht primär die Flucht vor Werbeeinblendungen ist, sondern daß es zum einen die Flucht vor unterhaltungsarmen (bildenden) Sendungen repräsentiert und zum anderen ein hoher Austausch zwischen den Unterhaltungssendungen untereinander stattfindet.[58] Hierzu ein Beispiel aus seiner Untersuchung: am 20.03.91 übertrug die ARD um 20.15 Uhr ein Fußballspiel, in RTL lief zur gleichen Zeit die Unterhaltungssendung „Gottschalk´s Personalityshow". Zwischen diesen Programmen fanden folgende Wechsel statt: von der ARD zu RTL ca. 30 %, von RTL zur ARD ca. 32%. Zu dem vom ZDF zur gleichen Zeit ausgestrahlten politischen Magazin „Studio 1" wechselten nur 1% der ARD-Zuschauer und 7% der RTL-Zuschauer.[59] Diese Ergebnisse zeigen zwei unterschiedliche Folgen der Programmvermehrung. Zum einen bestätigen sie den bereits weiter oben gezeigten Trend, daß Unterhaltungssendungen die Informationssendungen verdrängen. Zum anderen zeigt der hohe Wechsel zwischen den Unterhaltungprogrammen, daß die Programmvermehrung tatsächlich zu einem erhöhten Entscheidungsdruck beim Zuschauer geführt hat. Eine gewisse „negative Erlebnisqualität" durch zwei gleichzeitig laufende Unterhaltungssendungen kann also tatsächlich eintreten.

7.4 Veränderungen im Freizeitverhalten

Im folgenden soll untersucht werden, ob das erhöhte Programmangebot andere Freizeitaktivitäten verdrängt hat. Definiert wird Freizeit als nichtgebundene, frei disponierbare Zeit, im Umkehrschluß markieren tägliche Routinen (Berufsarbeit und -wege, Hausarbeit, Schlafen, Körperpflege und Essen) die nicht frei disponierbare Zeit.[60] In einer Untersuchung des Kabelpilotprojektes Berlin wurden zu der Frage, ob ein expandierendes Fernsehangebot andere Freizeitaktivitäten zurückdrängt, zwei unterschiedliche Feststellungen gemacht: Einerseits wurde untersucht, inwieweit eine konstante Bereitschaft besteht, für Lieblingssendungen im Fernsehen auf andere Freizeitaktivitäten zu verzichten. Die Untersuchung ergab, daß gerade die nicht verkabelten Haushalte häufiger regelmäßig bereit waren auf andere Aktivitäten zu verzichten als die Kabelhaushalte. Daraus läßt sich schließen, daß das begrenzte Fernsehangebot aufgrund seiner relativen Seltenheit an Bedeutung gewinnt und andere Freizeitaktivitäten verdrängen kann. Andererseits zeigte sich in einer Beobachtung über einen größeren Zeitraum hinweg (1986 bis 1988), daß bei den Kabelhaushalten eine zunehmende Tendenz zur Verdrängung von anderen Aktivitäten bestand, insbesondere wenn das Fernsehprogramm ein etwa gleichwertiges Äquivalent bot (z.B. Sportsendungen).[61] Zu berücksichtigen ist hierbei jedoch, wie eine andere Untersuchung in Ludwigshafen / Vorderpfalz[62] zeigte, daß die Befürworter des Kabelfernsehens bereits vor dessen Einführung durch eine stärkere Mediennutzung geprägt waren, das heißt, daß bei ihnen eine höhere grundsätzliche Bereitschaft bestand, für Fernsehen auf andere Aktivitäten zu verzichten . Diese Untersuchung hat auch gezeigt, daß sich an den Zeitstrukturen auch nach der Einführung des Kabelfernsehens nichts Wesentliches geändert hat. So verwandten die Kabelteilnehmer vor der Verkabelung täglich durchschnittlich 3 Stunden und 41 Minuten

---

[57] Jäckel, M. (1993) S.13
[58] Vgl. ebd. S.80ff
[59] Vgl. ebd. S.95f
[60] Vgl. Pfetsch, Barbara in Jäckel, M. / Schenk, M. (1991) S. 191
[61] Vgl. Voltmer, K. /Klingemann, H.-D.(1993) S.96 ff
[62] Vgl. Pfetsch, Barbara in Jäckel, M. / Schenk, M. (1991) S. 191ff

für aktive Freizeit. Genau der gleiche Wert wurde auch am Ende des Kabelpilotprojektes erreicht.[63] Besonders erwähnenswert ist eine Feststellung aus der Untersuchung des Berliner Kabelpilotprojektes: „Stabilität und Verzichtsbereitschaft zeigen ferner, daß das Fernsehen - unabhängig von der gegebenen Angebotssituation - mit Freizeitbeschäftigungen, die im sozialen Kontext verankert sind (Besuch bei Freunden, mit den Kindern spielen), kaum konkurrieren kann."[64]

7.5 Das Verhältnis von Fernsehnutzung zur Nutzung anderer Medien

Die Begleitstudie des Kabelpilotprojektes Ludwigshafen/Vorderpfalz ergab, daß Kabelteilnehmer für andere Medien (Radio, Schallplatten, Lesen) vor der Einführung des Kabelfernsehens täglich durchschnittlich 3 Stunden und 12 Minuten verwandten und dieser Wert nach der Einführung auf 2 Stunden und 50 Minuten sank, während er bei nicht teilnehmenden Haushalten mit 2 Stunden und 54 Minuten nahezu konstant blieb.[65] Es wurde auch festgestellt, daß Menschen, die politisch wenig interessiert sind, durch den Kabelanschluß weniger Zeitung lesen. In entsprechenden Kabelhaushalten lesen 47% täglich eine Tageszeitung, in vergleichbaren Haushalten ohne Kabelanschluß sind es 53 %.[66]

Zusammenfassend läßt sich aus diesen Ergebnissen schließen, daß die Einführung des Kabelfernsehens die Freizeitgestaltung der Menschen nicht wesentlich beeinflußt hat, daß es aber eine leichte Verschiebung innerhalb des Zeitbudgets für die Mediennutzung zugunsten des Fernsehens und zu Lasten anderer Medien gab.

7.6 Auswirkungen auf das Familienklima

Eine Verschlechterung des Familienklimas durch das Kabelfernsehen konnte in keinem der Kabelpilotprojekte nachgewiesen werden. In der Ludwigshafener Untersuchung war sogar ein deutlicher Rückgang in der Meinung „bei uns ist das Familienklima häufig gereizt" zu beobachten. Die Teilnehmer beschrieben ihr Familienleben harmonischer als Nicht-Teilnehmer. Ein Rückgang der Qualität der familiären Interaktion zwischen Eltern, Kindern und Geschwistern durch die Einführung des Kabelfernsehens ließ sich nicht feststellen, auch ein Rückgang gemeinsamer Aktivitäten wurde nicht festgestellt.[67] Fallstudien aus dem Berliner Kabelpilotprojekt erklären die oben genannte Empfindung eines besseren Familienklimas. Danach wird Fernsehen häufig zur Kompensation von problematischen Familienverhältnissen eingesetzt. Der gemeinsame Fernsehkonsum kann demnach eine Harmonie fördernde Funktion haben. Dabei führt das breitere Angebot des Kabelfernsehens zu einer größeren Bandbreite der Fernsehangebote, die alle Familienmitglieder gemeinsam interessieren. Eine Gefahr birgt jedoch der zur „Familienentspannung" genutzte stärkere Konsum von Unterhaltungsprogrammen, nämlich eine geringere Nutzung der Bildungs- und Informationssendungen.[68]

---

[63] Vgl. ebd.
[64] Vgl. Voltmer, K. /Klingemann, H.-D. (1993) S. 98
[65] Vgl. Pfetsch, Barbara in Jäckel, M. / Schenk, M. (1991) S. 192
[66] Vgl. Noelte-Neumann, Elisabeth in Jäckel, M. / Schenk, M. (1991) S.232
[67] Vgl. Minneman, Elisabeth in Jäckel, M. / Schenk, M. (1991) S. 213 ff
[68] Vgl. ebd.

In keinem der Kabelpilotprojekte konnte nachgewiesen werden, daß das Kabelfernsehen eine integrationsstörende, Gespräche verhindernde Wirkung hat. Familien mit und ohne Kabelanschluß unterschieden sich nicht in der Anzahl der angegebenen gemeinsamen Gespräche. Es wurde festgestellt, daß nicht die Frage des Kabelanschlusses, sondern der soziale Status ursächlich ist. Intensivere Kontakte und häufigere Unterhaltungen finden verstärkt in Familien mit höherem Einkommen und höherer Schulbildung der Eltern statt.[69] Diese sind unter den Kabelfernsehteilnehmern ungefähr genauso repräsentiert, wie unter den Nicht- Teilnehmern (vgl. Punkt 7.1 und Tabelle 1 im Anhang).

8. Bewertungen

Die Ergebnisse der Begleitforschungen haben gezeigt, daß dem Interesse nach einer Programmausweitung ganz wesentlich der Wunsch nach mehr Unterhaltung zu Grunde lag. In diesem Zusammenhang stellt sich dem Verfasser die Frage, ob das Fernsehangebot vor der Einführung des Kabelfernsehens überhaupt ausgewogen war. Womöglich hat der Programmauftrag der öffentlich-rechtlichen Anstalten dazu geführt, daß mehr Bildungs- und Informationssendungen im Programm waren, als es das Publikum wollte. Der Wunsch nach mehr Spielfilmen und Unterhaltung deutet auf ein solches Angebotsdefizit im Unterhaltungsbereich hin, welches erst durch die Ausweitung der Programme gedeckt wurde. Dabei ist das Angebot an Informationssendungen im Verhältnis zum Gesamtangebot prozentual zwar zurückgegangen, im absoluten Volumen hat es sich aber mehr als verdoppelt. Die Einführung des dualen Fernsehsystems hat also zu einer Ausweitung beider Angebotsformen, d.h. sowohl von Unterhaltungs- als auch von Informationssendungen geführt, nur in einem anderen Verhältnis. Es liegt nun an der Entscheidung jedes einzelnen Individuums, in welcher Form es das erweiterte Angebot nutzten möchte. Wenn sich herausgestellt hat, daß Unterhaltungssendungen von den Zuschauern präferiert werden zeigt dies nur, daß sie das Medium Fernsehen eher als Unterhaltungsmedium ansehen, denn als „Volksbildungsanstalt". Die Alternative würde ja auch eine Zwangsinformation durch ein eingeschränktes Unterhaltungsangebot bedeuten. Ob diese Informationen vom Publikum mangels Alternative dann auch wirklich aufgenommen würden, wird an dieser Stelle bezweifelt. Bedeutet die Entscheidung für ein Unterhaltungsprogramm doch gerade, daß an den alternativ übermittelten Informationen kein Interesse besteht. Wichtig ist nur, daß durch das erhöhte Angebot Interessierten weiterhin eine, sogar erhöhte, Palette an Informationssendungen geboten wird, die sie bei Bedarf nutzen können. Ein durch die „Qual der Wahl" eventuell entstehender gewisser Entscheidungsdruck ist für den Zuschauer dabei sicher angenehmer als auf ein eingeschränktes Angebot zu stoßen, daß ihn womöglich zur Nutzung von Bildungssendungen bevormundet.

Die Ergebnisse haben auch gezeigt, daß das erhöhte Programmangebot durch die Einführung des Kabelfernsehens in Deutschland gewisse Veränderungen im Zuschauerverhalten hervorgerufen haben. Diese Veränderungen haben jedoch bei weitem nicht die Ausmaße angenommen, die im Vorfeld prognostiziert wurden. Vielmehr zeigt sich, daß die Annahmen über die Wirkungen des Kabelfernsehens zu stark verallgemeinert wurden und fälschlicherweise auf die Gesamtheit der Zuschauer bezogen wurden. Einige der prognostizierten Effekte konnten zwar beobachtet werden, jedoch nicht in dem Ausmaß, wie sie vorhergesagt

---

[69] Vgl. ebd. S. 215

wurden. Die befürchtete Allgegenwart des Fernsehens hat nicht stattgefunden. Vielmehr fand durch das erhöhte Angebot lediglich eine Verteilung des Fernsehens über die verschiedenen Tageszeiten statt. Den Zuschauern wird es so ermöglicht, zu den Zeiten fernzusehen, die ihre Tagesplanung erlaubt. Die Tatsache, daß sich dabei weder die Sehdauer stark erhöht hat, noch in erheblichem Umfang andere Freizeitaktivitäten eingeschränkt wurden zeigt, daß ein Großteil der Bevölkerung offensichtlich verantwortungsvoll mit dem neuen Angebot umgehen kann und nicht der „Verführung der bunten Bilder" erliegt. Die Anziehungskraft des Fernsehens ist demnach bei weitem nicht so stark, wie es angenommen wurde.

Die Untersuchungen haben in diesem Zusammenhang außerdem bestätigt, daß das Fernsehen, egal wie groß das Angebot ist, nicht in der Lage ist, Verhalten, die im sozialen Kontext verankert sind, bei den Menschen zu verändern. So hat es keine verhindernde Wirkung auf Gespräche in der Familie. Dies zeigt, daß dafür nicht das Angebot der Fernsehprogramme verantwortlich ist, sondern der soziale Status der Menschen.

Diese Hausarbeit hat gezeigt, daß von der Einführung des Kabelfernsehens in Deutschland nur in untergeordneter Bedeutung negative Einflüsse auf die Zuschauer ausgingen. Solange die durch das Urteil des Bundesverfassungsgerichtes geschützte Grundversorgung an Information durch die öffentlich-rechtlichen Anstalten aufrecht erhalten wird, wird das Programm im dualen Fernsehsystem in Deutschland ausreichend ausgewogen sein, so daß jeder Rezipient in der Lage ist, Sendungen zu finden, die seine Bedürfnisse befriedigen.

Anhang
Tabellen

Tabelle 1:

Soziodemographische Strukturen (alte Bundesländer, Personen ab 16 Jahren)
Allensbacher Archiv - Umfragen November 1990 - Februar 1991, Angaben in Prozent

Berufskreise:	Personen in Haushalten, die Privatfernsehen empfangen können:	Personen in Haushalten, die nur öffentlich-rechtliches Fernsehen empfangen können:
An- und ungelernte Arbeiter:	12	16
Facharbeiter:	24	24
Nichtleitende Angestellte, Beamte:	36	33
Leitende Angestellte, höhere Beamte:	17	14
Selbständige, freie Berufe:	9	7
Landwirte:	2	6

Quelle: Jäckel, Michael / Schenk, Michael (1991) S. 230

Tabelle 2:

Begründung für den Wunsch nach weiteren Fernsehprogrammen in Prozent

Basis: Personen, mit Interesse an weiteren Programmen im Gebiet Ludwigshafen/ Vorderpfalz. Telefonumfrage Januar/Februar 1984 (Mehrfachnennungen)

größere Auswahl	37
mehr Fernsehprogramme	20
mehr Spielfilme	16
keine Nennung	15
lokale Fernsehprogramme	12
mehr Unterhaltung	9
mehr Sportsendungen	7
mehr Musiksendungen	6
weitere Dritte Programme	5
lokale Radioprogramme	4
ausländische Programme	4
besserer Fernsehempfang	4
neue Programme	2
mehr Radioprogramme	1
mehr politische Sendungen	1
mehr aktuelle Sendungen	1
besserer Radioempfang	0

Quelle: Media Perspektiven (1987) S.22 (Auszug)

Tabelle 3:

Einschaltdauer der Fernsehgeräte pro durchschnittlichem Wochentag in Minuten

	1985	1986	1987	1988	1989	1990
Montag bis Sonntag 15.00 Uhr bis 1.00 Uhr	208	213	216	216	217	219
Montag bis Sonntag 6.00 Uhr bis 6.00 Uhr	229	237	241	246	251	257

Quelle: Jäckel, Michael / Schenk, Michael (1991) S.133

Literaturverzeichnis

1) **Heinrich, Herbert**, Deutsche Medienpolitik, 1. Auflage, Nauheim 1991

2) **Hickethier, Knuth (Hrsg.),** Aspekte der Fernsehanalyse- Methoden und Modelle
    1. Auflage, Münster, Hamburg 1994

3) **Huhn, Diether / Prinz, Detlef**, Zeitungen - Radio - Fernsehen: Ratgeber für einen
    emanzipatorischen Umgang mit Medien, 1. Auflage, Köln 1990

4) **Jäckel, Michael**, Fernsehwanderungen: eine empirische Untersuchung zum Zap-
    ping, 1. Auflage, Stuttgart 1993

5) **Jäckel, Michael, Schenk, Michael (Hrsg.),** Kabelfernsehen in Deutschland: Pi-
    lotprojekte, Programmvermehrung, private Konkurrenz. Ergebnisse und Perspekti-
    ven, 1. Auflage, Stuttgart 1991

6) **Jordan, Peter**, Das Fernsehen und seine Zuschauer: Einflüsse auf Meinungen und
    Vorurteile, 1. Auflage, Frankfurt am Main 1992

7) **Krüger, Udo Michael**, Programmprofile im dualen Fernsehsystem 1985 - 1990:
    eine Studie der ARD-ZDF-Medienkommission, 1. Auflage, Baden-Baden 1992

8) **Maaßen, Ludwig**, Massenmedien: Fakten - Formen - Funktionen in der Bundesre publik Deutschland, 2. Auflage, Heidelberg 1996

9) **Maletzke, Gerhard**, Gesellschaftspolitische Aspekte des Kabelfernsehens, 2. Auf lage, Stuttgart 1979

10) **Media Perspektiven (Hrsg.),** Die veränderte Fernsehlandschaft - Zwei Jahre ARD/ZDF- Begleitforschung zu den Kabelpilotprojekten, 1. Auflage, Frankfurt am Main 1987

11) **Voltmer, Katrin, Klingemann, Hans-Dieter**, Medienwelt im Wandel: Eine empi rische Untersuchung zu den Auswirkungen des Kabelfernsehens im Kabelpilotpro jekt Berlin, 1. Auflage, Wiesbaden 1993

12) **Wiechers, Ralph**, Markt und Macht im Rundfunk: zur Stellung der öffentlich- rech lichen Rundfunkanstalten im dualen Rundfunksystem der Bundesrepublik Deutsch land, 1. Auflage, Frankfurt am Main 1992